CONTENTS

INTRODUÇÃO AO MANIFESTO EM 4 PLATAFORMAS DE COMPLEXIDADE

Este Manifesto – apresentado em plataformas 1, 2, 3 e 4 - é uma alternativa tanto à direita como à esquerda, tanto ao capitalismo como ao socialismo e à ONU e suas instituições nos 14 subsistemas/setores sociais, porque já não respondem à problemática pós-moderna, planetária e ambiental. Tem base científica que vem da Física Quântica - a triadicidade ou trialética - da teoria de sistemas e do cérebro tri-uno das neurociências que conformam a Cibernética Social ou a Ciência Social Geral, um passo adiante, mais que urgente nas Ciências Sociais e Humanas. Apresenta o Proporcionalismo com um piso mínimo para a dignidade humana e um teto máximo para limitar o uso e a acumulação abusiva de recursos do ecossistema. Na Plataforma 4 apresenta a UPLAT – União Planetária Tri-una – para controlar a anarquia geral em lugar da ONU.

Um Manifesto é a proclamação e o convite a uma utopia de superação dos males presentes, criando algo melhor. O oposto se chama "distopia": inferno, algo intolerável, que não vale a pena ser vivido, como é a situação atual do planeta, em que a praga maior não é a Covid-19, mas a continuação da crise de 2008, o terrível endividamento dos governos com os bancos, a ameaça ao clima e ao ambiente e o sofrimento da maioria da espécie humana, assim como das demais espécies. É uma distopia causada por umas elites (1%) dominantes - subgrupos oficiais anacrônicos - que governam como o *big brother*, descrito por George Orwell em seu livro *1984*. O capitalismo neoliberal comandado pelo império judeu-anglo-estadunidense esgotou a modernidade; há que fazer a transição para a pós-modernidade pós-capitalista, pós-socialista e pós-sacral.

Este Manifesto é convite a uma "utopia tri", baseada no molde tri-uno da matergia (matéria+energia), do cérebro tri-uno e dos grupos tri-unos, integrando ciências exatas, sociais e humanas. O cérebro tem um bloco

central dedicado à luta pela procriação e a sobrevivência e erige um subgrupo de mando: o oficial; o cérebro tem um hemisfério/bloco esquerdo dedicado a conhecer e erige um subgrupo crítico e de oposição: o antioficial; o cérebro tem um hemisfério/bloco direito dedicado à emoção e erige um subgrupo coringa: o oscilante.

Um manifesto supõe o direito dos três cérebros e seus três subgrupos a **aspirar ao melhor**: aspiração ao máximo de conhecimento e informação verdadeira (cérebro esquerdo+IAG 'Inteligência Artificial Geral' e subgrupo antioficial); ao máximo de paz e felicidade (cérebro direito +justiça social triádica e subgrupo oscilante); e ao máximo de bem-estar físico-econômico (cérebro central+dinheiro para todos e sem pandemias), tudo balanceado com PROPORCIONALISMO em números, que se ilustra neste gráfico:

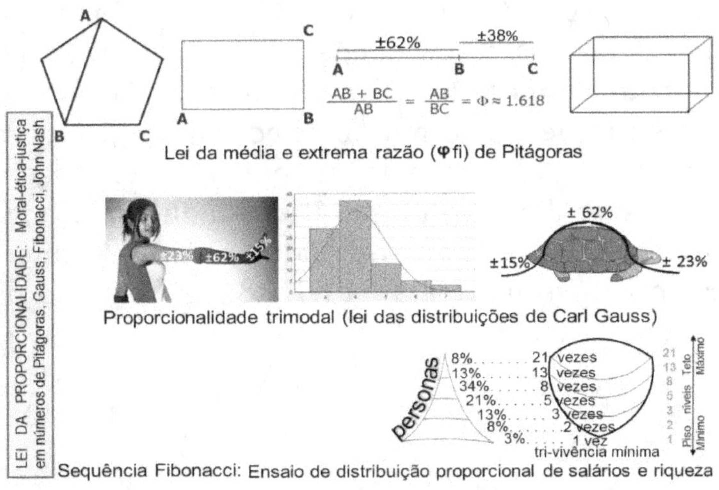

Depois dos artistas, o matemático Pitágoras (582-497 a.C.) foi quem descobriu que tudo está construído por módulos de aproximadamente 62 por 38%, uma escala que se repete em qualquer dimensão, como ilustrado na parte alta do gráfico, à qual chamou de média e extrema razão e atribuiu uma letra: o φ (Fi) como símbolo dessa proporcionalidade. O frade e matemático Fibonacci (1170-1250) observou como se dava a ramificação de vegetais e a multiplicação de coelhos, abelhas etc., todo como repetição do φ (Fi) em diferentes escalas; e estabeleceu a sucessão ou série Fibonacci, ilustrada na base do gráfico. Outro frade e matemático, Luca Pacioli (1455-1517), encantado com o φ (Fi) que representa ordem, equilíbrio e beleza, chamou-o A Divina Proporção em livro ilustrado por Leonardo da Vinci. Por fim, o matemático Carl Gauss (1777-1855) refinou isso com a lei das distribuições, como ilustrado no meio do gráfico. Esses matemáticos dão o fundamento científico-matemático para a justiça, a ordem, a beleza, as relações sociais e aterrisagem do elusivo discurso moral-ético, daqui em diante chamado PROPORCIONALISMO ou ética numérica; ou "matemática de a felicidade" segundo os poetas.

COMO ENTENDER A CAPA DO MANIFESTO?

O cérebro tri-uno ocupa o centro por ser o núcleo de toda criação fatual/virtual humana. É o resumo do universo. O colorido representa as três cores básicas. A trança em diagonal sobre o cérebro representa a evolução tri-una proporcional (a de Charles Darwin é monádica, de um só lado da trança, para justificar as bestialidades do mais forte). Os números da sequência Fibonacci sobre a trança representam níveis de ganhos e vivência proporcionais entre 1 (uno) e 21 (vinte e um) como limite máximo de enriquecimento (propriedade física ou fictícia como valores de bolsa e seus meros bits). As linhas sobre o cérebro definem pelo menos quatro - máximo vinte e um - níveis de estrutura, desenvolvimento e vivência tricerebral: minivivência, mediovivência, grã-vivência e maxivivência. Diferencias sim, mas proporcionais, com piso mínimo de renda básica ou minivivência e teto máximo de maxivivência como vinte e uma vezes o piso mínimo.

"Igualdade" era a utopia do socialismo e continua sendo a utopia dos ingênuos que não conseguem ver que o dinamismo tri-uno da matergia impõe o jogo triádico que resulta em hierarquias entre os competidores: os mais aptos/oficiais, os rivais/antioficiais e os oscilantes que se associam a um e outro (Darwin, porque não tinha visão tri-una, só contemplava os mais aptos/oficiais). O melhor que se pode fazer é reduzir as diferenças repugnantes aos limites de diferenças proporcionais.

"Desigualdade" é a utopia (distopia) "natural" de todos os subgrupos oficiais políticos, econômicos e religiosos - o tri-oficialismo - de todos os níveis, impelidos para a maximocracia - querer acumular sempre mais de tudo - que é sua paixão patológica, impossível de contentar ou satisfazer. O dinheiro ou o capital se tornaram a via que mais favorece a concentração/acumulação obsessiva de riqueza em mãos de uns poucos, criando a desigualdade para todos os demais. Contudo, é equivocado pensar que os "males" da humanidade vêm do neoliberalismo ou socialismo. Os "males" em todos os setores e níveis da vida vêm do oficialismo desproporcional e concentrador, seja este oficialismo capitalista ou socialista, cristão ou islâmico, masculino ou feminino, branco ou negro, de direita ou de esquerda, do norte ou do sul, de Oriente ou de Ocidente, imperial, nacional, local ou familiar. *O mal é o oficialismo desproporcional "dos de cima", sobre "os de baixo. O mal oficialista baixa em cascata.*

Tenham os oficialistas e suas instituições muito ou pouco dinheiro, por sede de poder de seu cérebro central seguirão evadindo o controle do cérebro direito (moral, solidariedade, confiança dos oscilantes, justiça triádica proporcionalista) e o controle do esquerdo (leis, racionalidade, verdade, limites, crítica, resistência dos antioficiais). As sádicas e insaciáveis ganas oficialistas de se impor, de acumular, de dividir para dominar, de matar, de oprimir e de se divertir exercendo a crueldade sobre os demais serão intermináveis, se esperarmos por boa vontade da parte deles, sem nos organizarmos para impor-lhes limites. Por isso o slogan:

99% CONTRA O 1%!

As vítimas do oficialismo desproporcional - do 1% - são mulheres e homens, crianças, jovens, adultos e idosos pobres; são os desempregados, os trabalhadores rurais e urbanos escravos ou pagos desproporcionalmente; são os emigrantes forçados; são os consumidores enganados pelo marketing, os enganados por ficções religiosas, os enganados pelos políticos e pelo mercado; são os discriminados por racismo, por gênero; são os excluídos que vivem nas periferias e aqueles dos níveis mais baixos da pirâmide social de todos os países, também dos países ditos desenvolvidos; são todos os indignados com a injustiça, com a depredação universal, com a manipulação da verdade e humilhados em seu direito de viver. Os protagonistas dessa luta serão um exército de consciências indignadas e rebeladas contra os subgrupos oficiais causantes da desproporcionalidade, seja na macro ou na microfísica da convivência. Estas vítimas todas estão em busca da proporcionalidade.

Porém, essas vítimas são oscilantes, são um montão de indivíduos soltos como grãos de areia, sem organização, desunidos, sem rumo e sem consciência desse jogo triádico perversamente manipulado. Irão se rebelar quando tomarem consciência de seus três cérebros, de como cada lado do cérebro comanda os três subgrupos do jogo pela vida, e porque são perdedores.

Frente a esse "perigo", o oficialismo trata de "apoiar" organizações reivindicatórias horizontais, como o movimento negro, indígena, o movimento feminista, o movimento gay, o movimento pelos direitos dos animais, o movimento ambientalista, entre outros, para fazê-los lutar entre si (por isso, lutas "horizontais": dividir para governar). Enquanto competirem entre si, essas forças populares horizontais perdem de vista o inimigo comum de todas elas que é o *oficialismo desproporcional de todos os níveis* (em particular o oficialismo econômico) e não desatam a luta vertical contra ele.

Quem une os oscilantes e os conduz a lutas verticais contra os donos do sistema opressor são novos líderes antioficiais, conscientes de seus três cérebros como força no jogo dos três subgrupos. É coisa do passado falar de esquerda, centro e direita; as utopias requerem nova linguagem, novas ferramentas e estratégias. Este Manifesto da Proporcionalidade traz o novo. Apresentamos o Manifesto em sua **Plataforma 1.**

PLATAFORMA 1

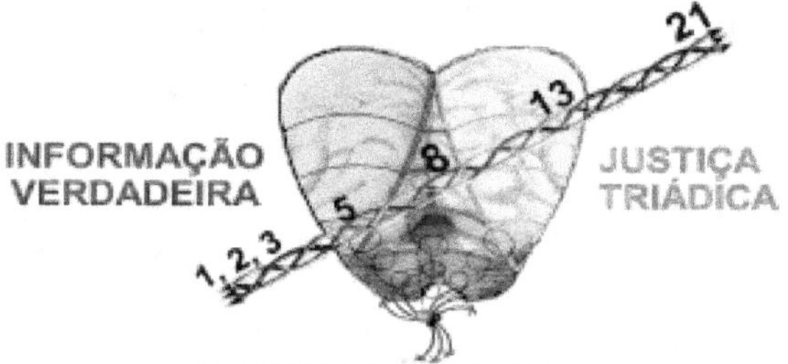

"**DINHEIRO PARA TODOS**" é o lema para o nível de minivivência ou **piso mínimo** de vivência tricerebral (combate à pobreza e renda básica) nos 14 subsistemas (ver adiante). A Organização das Nações Unidas, consciente de que os indicadores meramente econômicos como renda *per capita,* classes, ou estratos econômicos, PIB (medida anual do produto interno bruto de um país) taxa de crescimento econômico etc. estão demasiado encerrados no cérebro central, criou o concepto de "Índices de Desenvolvimento Humano" que incluem outros satisfatores não-econômicos dos três cérebros, mas que não corrigem bem tal economicismo. Por isso se propomos "os quatro níveis de vivência tricerebral" e, substituir PIB por PDST *-Produção e Desfrute de Satisfatores Tri-cerebrais-grupais.*

Os níveis de vivência são determinados mais pelo paradigma e ideologia imperiais e subimperiais por região e suas regras de jogo, que pela dotação natural ou o esforço individual, nacional ou de bloco regional. O atual paradigma ou a "ordem mundial" é mais ou menos assim:

Este modelo ilustra o comando do planeta pela econocracia, pela "democracia/elitecracia" e a teocracia - o tri-oficialismo de triadização primeira - cada qual com seus três principais subgrupos - de triadização segunda - que se vão subdividindo sempre em tríades menores. A "democracia" e a teocracia são testas-de-ferro e mercenários da econocracia. Que o modelo está em crise não há dúvida. Mas se manterá enquanto puder repassar o custo aos cenários regionais, nacionais e subnacionais mais baixos, em cascata. O Poder Econômico que nos comanda a todos e a todas nossas atividades pelos 14 subsistemas tem seu jogo triádico interno. Até o século XIX o subgrupo oficial de produção de riqueza era o industrial que havia substituído o modelo feudal. No século XX, o modelo financeiro-comercial (pós-industrial) foi-se impondo como subgrupo oficial, sob o protesto do modelo industrial que acusa os bancos, a bolsa e as agências financeiras de serem parasitas porque não produzem satisfatores reais tangíveis e porque desviam investimentos da produção, para aplica-los na especulação ou na guerra financeira. Capital improdutivo. Sendo assim - que dinheiro procria dinheiro – toda empresa que puder, montará seu banco ou sua cooperativa de crédito ou inventará moedas virtuais como as bitcoins.

A teoria dos 14 subsistemas é uma ampliação do antigo conceito "socioeconômico" de Adam Smith para a classificação das necessidades e dos fatos da realidade, elaborado pelo antropólogo e economista A. R. Müller, doutorado em Oxford:

S01. Parentesco – gêneros, sexualidade, família, demografia, comunidades.
S02. Saúde pessoal/pública – hospitais, farmácias, profissionais, cemitérios.
S03. Manutenção – abastecimento, feiras, comércio, cozinha, dietas.
S04. Lealdade – amor, solidariedade, união, confiança, associações, cooperação.
S05. Lazer – descanso, artes, clubes, esportes, férias, turismo.
S06.1. Comunicação – idiomas, correio, mídia, Internet, informação, marketing.
S06.2. Transporte – vias, terminais, equipamento, circulação, depósitos.
S07. Educação – escolas, educadores, manuais, pesquisa, ciência.
S08. Patrimonial – propriedade, bancos, bolsa, corretoras, seguros, negócios.
S09. Produção – energia, prestusuárias, trabalho, oferta de satisfatores.
S10. Religioso – templos, livros sagrados, ritos, fé num mundo "sobrenatural".
S11. Segurança – forças armadas, polícias, presídios, violência, defesa, paz.
S12. Político-Administrativo – organização social, Estado, gestão do bem-estar.
S13. Jurídico – leis, moral, justiça, tribunais, poder legislativo e judicial.
S14. Precedência ou Ranking – maximocracia, fama, mérito, reconhecimento.

O modelo serve para dar conta das transações sociais da sobrevivência em quatro níveis de cada subsistema, denunciando e substituindo as teorias econômicas e de mercado de Adam Smith e neoliberais, supostamente autorreguladoras e exatas: regulam exatamente e sempre a favor dos oficialistas mais altos. Basta de declarações ribombantes de direitos, inalcançáveis sem um mínimo de dinheiro: a educação é livre para todos, si tiverem dinheiro para comprá-la; a comida é livre para todos, si tiverem dinheiro para o supermercado; todos são livres para ir e vir si tiverem dinheiro para a passagem; os remédios são livres para todos, si tiverem dinheiro para ir à farmácia; a justiça é acessível a todos... os que tiverem dinheiro para os advogados e cartórios; ser votado como político é um direito de todos... os que tiverem dinheiro para comprar votos etc. etc. etc.

Esse novo modelo de organização humana mostra quais são as áreas de vida em que se deve garantir poder de compra para um piso de dignidade humana mínima, definido como "minivivência" para todos; este requer, como contrapartida, que se estabeleça um teto máximo ou redução do ritmo de ganhos e acumulação para os indivíduos, as empresas e os países em melhores condições.

Além de obedecer a um limite de acumulação imposto por lei, deve-se substituir porcentagens progressivas de salários nas empresas até substituí-los de todo, tornando os trabalhadores em acionistas/controladores delas. Ao argumento de que isso frearia o progresso e a iniciativa, se responde que o progresso que estão defendendo produz cada vez mais ricos - totalmente desnecessários - e cada vez mais pobres e desastres para o ecossistema - cada vez mais urgidos; que é hora de dar prioridade à produção de satisfatores para as pessoas e a vida em seus quatro níveis, com ganho proporcional tri-grupal, para corrigir o vício econômico de produzir somente o que garanta ganho máximo para uns poucos. Esta falsa economia, com sua falsa eficiência e seu falso discurso...

"INFORMAÇÃO VERDADEIRA" é um chamamento para combater a manipulação educacional domesticadora e a distorção da verdade pelo trioficialismo supremo e seus meios de comunicação com enganadores de carreira, os marqueteiros. Estes são magos do teledirigismo manipulador das massas pelo neuromarketing, mediante o qual impõem o consumismo como a felicidade suprema. O que há é comunicação de mão única, incontestável, selecionada e distorcida de acordo com os interesses pouco confessáveis do oficialismo desproporcional mais alto, o qual se assemelha muito à lavagem de cérebro. É a perversão da função social da linguagem e da comunicação que falta regularizar.

Existe a mentira política sobre a democracia

(que é monocracia do subgrupo oficial) e a mentira profissional dos políticos com seus *twitter* e redes sociais para a divulgação de suas *fake News* (por falta de legislação de controle). Existe a mentira econômica do livre mercado sustentada pela ideologia dos ricos chamada ciência econômica. E existe a enganação religiosa de invenção de mundos e governos sobrenaturais como instâncias de justiça, recompensa e castigo só para depois de mortos (mas tem que ser aqui e agora!).

A mesma ciência monádica-linear é parcialmente viciosa por servir primordialmente aos interesses dos subgrupos oficiais e manter-se longe do controle social. A ideologia do desenvolvimento e riqueza capitalistas, para todos e sem fim, se está revelando como a mentira mais perigosa de todas porque está em contradição com a intersustentabilidade da vida para todos os ocupantes humanos e não humanos de um planeta finito.

"JUSTIÇA TRIÁDICA" terá que substituir o ordenamento jurídico monádico/imperial do trioficialismo que impõe controles, perseguições, guerras e sofrimentos aos oscilantes e antioficiais, enquanto eles, os oficialistas, se permitem todas as liberdades, isenções, privilégios, corrupção e impunidade acima de toda e qualquer lei, ética e moral. Os de cima se protegem autoproclamando-se "nobres" ou eleitos e favoritos dos deuses. Faz falta mais sensibilidade, mais espírito de reverência e solidariedade universal, e menos hipocrisia, para o que se terá que investir mais em educação de valores dos quatro níveis de cada lado do cérebro, proporcionalmente. Faltam leis globais para as três culturas – a cultura político-científica, a cultura econômica, e a cultura sacral, seja a tradicional, seja a *e-culture-* e com base na matemática das proporções. E faltam garantias de aplicação da justiça aos três subgrupos, em todos seus níveis.

Para regular as três culturas, a justiça será diretamente proporcional às capacidades e responsabilidades de cada pessoa, subgrupo e país. Para isso, se necessita uma nova Filosofia da Justiça, de escolas de Direito e seus operadores, de base triádica e proporcional, que vem sendo proposta pelo jurista Sebastião Batista, com sua tese doutoral "Aproximação ao Conceito de Direito desde a Perspectiva Triádica" (2004).

PLATAFORMA 2

PELA DEMOCRATIZAÇÃO DO JOGO TRIÁDICO PLANETÁRIO

PLATAFORMA 1 PELO CÉREBRO TRI-UNO

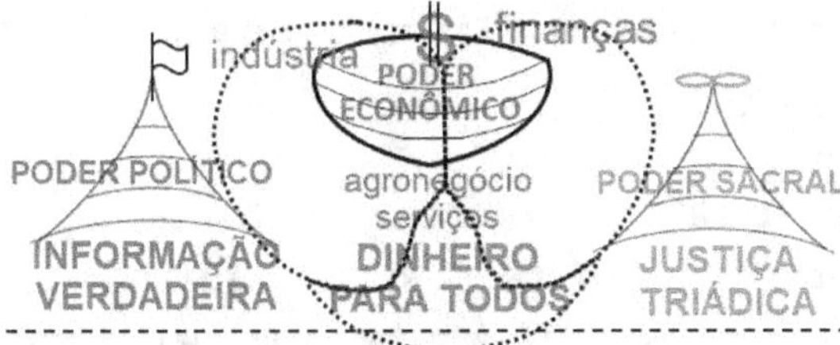

Estética e Mística: CIDADÃO DO INFINITO!
Felicidade aqui e agora. Enganação, não!

Cultura: CIDADÃO DO MUNDO SIMBÓLICO
Acesso às três culturas libertadoras: saber, arte, negócios!

Estado: CIDADÃO DA DEMOCRACIA DIRETA!
Autogestão ecorregional sob um poder arbitrador tri-uno!

Economia: CIDADÃO COPROPRIETÁRIO DO ECOSSISTEMA!
Trabalho-moeda-distribuição proporcionais!

Núcleo Afetivo-Familiar: CIDADÃO DA FRATERNIDADE
Capacitação tricerebral de mães pagas pelo Estado !

Mente e Pessoa: CIDADÃO DE SI MESMO!
Resgate sua cabeça. Não a entregue!

Ambiente/Ecologia: CIDADÃO DA NATUREZA!
Abaixo os exterminadores do futuro. Não há planeta B!

Sistema Efetuador Tri-uno Universal: CIDADÃO DA MATERGIA
Reconhecimento, respeito, reverência e gratidão à fonte infinita!

Este modelo ilustra o Manifesto da Proporcionalidade num segundo grau de complexidade, agregando oito órbitas ou esferas entrelaçadas da vida, que denominamos "dinâmicas", com palavras de ordem ou gritos de guerra em cada uma delas. As "dinâmicas" são níveis de desenvolvimento ou expansão dos três cérebros e suas três culturas. As dinâmicas são interdependentes e criam a intersustentabilidade quando há proporcionalidade entre elas; ou a entropia e rebeldia quando não. Em continuação, se apresenta uma síntese da proposta do Manifesto em cada esfera "dinâmica".

Sistema Efetuador Tri-uno Universal (SETU):

CIDADÃO DA MATERGIA!

"Matergia" se refere à fórmula de Einstein afirmando que a matéria se transforma em energia e vice-versa. "SETU" é a reconceptualização (em lugar das teorias teocêntricas) do cosmos como dinamismo sistêmico de efetuação/transformação tri-una/tridimensional em rede universal, do qual somos parte e de cujas leis dependemos. A humanidade pode ser uma flor de Lótus, mas nem ela, nem seu planeta, nem seu sol são o centro do universo. Desse conhecimento parcial e pequeno do todo maior, deve brotar assombro, respeito, reverência e gratidão da humanidade.

O planeta existiu antes da espécie humana e existirá depois de sua desaparição. Um pouco mais de respeito, pois! (Claude Lévy-Strauss)Ambiente/Ecologia:

CIDADÃO DA NATUREZA!

PROPOSTA: Reintegrar-se ao ecossistema ou natureza como rede planetária, defendê-la como mãe da vida e fonte de satisfatores, que deve ser preservada em cada ecorregião ou município: Sustentabilidade!

Abaixo os exterminadores do futuro.

Não há planeta B!

Mente e Pessoa:

CIDADÃO DE SI MESMO!

Conhecimento de si mesmo pelo cérebro tri-uno em seus quatro níveis e seu ciclo mental de investigação-criatividade-ação. Elevar o comportamento do instintivo ao mental, 

desenvolvido em seus três blocos e três culturas: científica, artístico-espiritual, econômica.

PROPOSTA: Educação básica universal feminina e masculina obrigatória até os 16 anos, pelo currículo das três culturas (não só o das ciências), tendo como objetivo a capacitação para a autonomia, para o auto provimento e para a autocondução, com reciclagens periódicas. Estar consciente, ter produtividade e ser feliz solidariamente!

Resgate sua cabeça,

não a entregue!

Núcleo Afetivo-Familiar-Étnico-Escolar:

CIDADÃO DA FRATERNIDADE!

PROPOSTA: Reconhecer o lar como a primeira escola de educação pelo "currículo familiar" das três gramáticas: a de idioma, ciência e leis; a de corpo, trabalho e dinheiro; e a emocional de amor e valores proporcionais, com a mãe na posição oficial de autoridade (um 70%). Ela deve receber mais capacitação para isso e proteção por parte do Estado e de familiares; e deve ter direito a remuneração pelo Estado, igual à de uma professora de tempo integral (se não tiver outra) durante o primeiro ano de vida de seus três (não mais) filhos, e remuneração de meio tempo para os quatro anos seguintes, se os filhos não tiverem creche/jardim público de tempo integral. A educação escolar de meninos e meninas, que dará continuidade ao "currículo familiar", será obrigatória e gratuita até os 16 anos, concluindo com preparação para a emancipação familiar e início da vida adulta ou maioridade com todas as responsabilidades de solidariedade e fraternidade social.

Capacitação tricerebral de mães

pagas pelo Estado!

Economia:

CIDADÃO COPROPRIETÁRIO DO ECOSSISTEMA!

PROPOSTA: Reorganizar as atividades humanas em ecorregiões de coproprietários, com intercâmbio global de bens satisfatores dos quatro níveis, em disputa triádica via mercado proporcional. Proteção à livre iniciativa, ao trabalho, à renda que garanta a minivivência e ao esforço para alcançar níveis mais altos, reprimindo a especulação e os modos de obter riqueza, que sejam danosos à sociedade e ao ecossistema. Garante-se a propriedade individual ou coletiva, de empresários e de países, mas terá um teto máximo que será uma porcentagem do PIB ou PDST regional, estabelecido entre os três subgrupos, por ecorregião.

Trabalho-Moeda-Distribuição

Proporcionais!

Estado:

CIDADÃO DA DEMOCRACIA DIRETA!

Reorganizar as instituições particulares e coletivas ecorregionalmente, (ao redor de 62% e 38 % respectivamente), em comunidades e sociedades de tri-gestores, com supremacia do Poder Local.

Como poder superior central, só um Poder Arbitrador Tri-uno, eleito por voto livre ecorregional, revocável a qualquer momento, com poder de arbitragem, de fiscalização e segurança, articulando-se por ecorregiões, progressivamente, em forma mais esférica e menos piramidal. O Poder Legislativo se substitui por votação direta via eletrônica. O Poder Executivo se substitui pela autogestão de cada um dos catorze subsistemas e seus segmentos, por seus respectivos profissionais, sob o controle do Poder Arbitrador. A contribuição para manter o coletivo será por imposto sobre a renda e bens, e alguns poucos impostos seletivos não declaratórios, baseados no valor agregado (IVA).

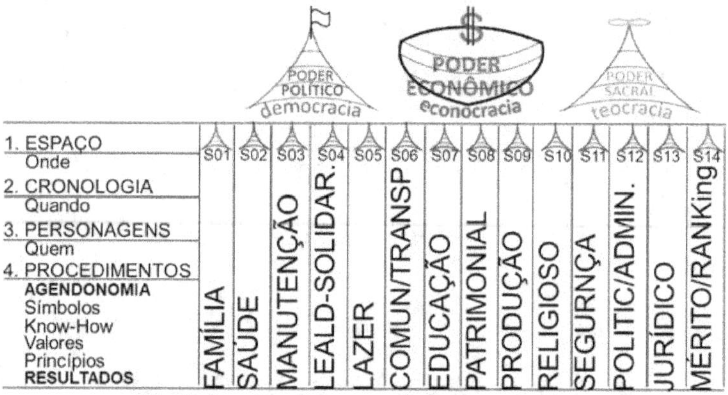

Modelo atual de município, estado, país

Modelo proporcionalista de município, estado, país

Estes modelos ilustram a diferença entre o modelo de "democracia representativa" com três "Estados" dentro do Estado, inventado pelos anglo-estadounidenses nos últimos 500 anos e o modelo proporcionalista de "democracia direta" que é o Estado dos três subgrupos e todos seus níveis, gerenciado pelo Poder Arbitrador Tri-uno.

Autogestão ecorregional sob um

Poder Arbitrador Tri-uno!

Cultura:

CIDADÃO DO MUNDO SIMBÓLICO

Todos mandam fazer exercício físico; por que não mandam ler um livro? (J. Saramago)

PROPOSTA: Deve ser favorecido acesso da maioria à cultura científica para combater a irracionalidade; o acesso à cultura político-econômica-negocial para combater a injustiça social; e o acesso à cultura emocional artístico-espiritual para combater a alienação, o fanatismo e as superstições. As concessões públicas a meios de comunicação privados que estejam rebaixando o nível das três culturas devem ser anuladas. Cultura é subir o nível de humanização pelos três cérebros e seus quatro níveis (não é qualquer tradição; há tradições bárbaras às que chamam "cultura"), rumo à reunificação de todos em uma só humanidade e da humanidade com o resto do ecossistema em que vive e do qual depende.

Acesso a três culturas libertadoras:

conhecimento, arte e negócios!

Espiritualidade Estético-Mística:

CIDADÃO DO INFINITO!

PROPOSTA: Promover a espiritualidade mística, e uma estética que inclua características das três culturas de cada ecorregião. Criar solidariedade e fraternidade holística, incluindo todos os seres do ecossistema, superando discriminações raciais, étnicas, de gênero, nacionalistas, religiosas, suprimindo toda forma de depredação, de violência físico-econômica, de violência ideológico-moral e religiosa, em favor da paz. Promover cidadania e membritude progressivas, desde a local até a planetária, em um universo triádico único, buscando o viver proporcional mais feliz para os três subgrupos.

Felicidade aqui e agora,

enganação não!

PLATAFORMA 3

INDICATIVO DE PROPOSTAS PELOS 14 SUBSISTEMAS

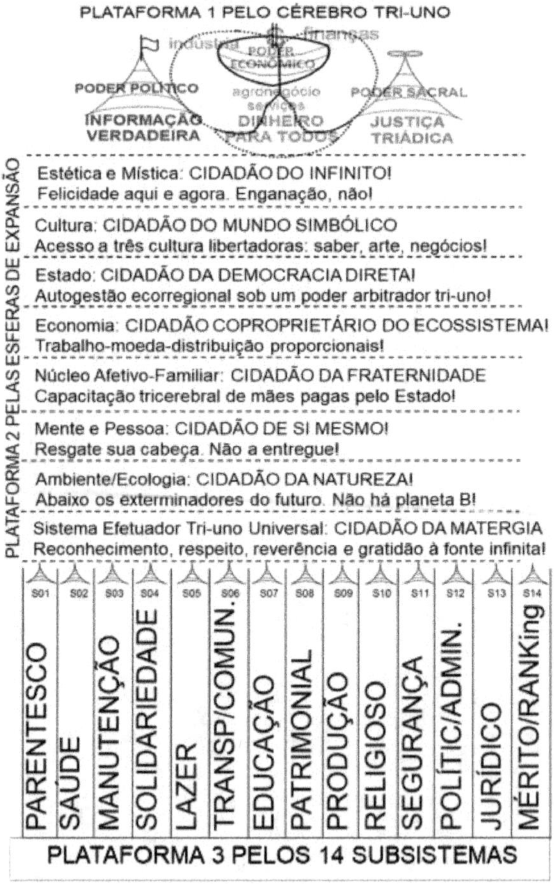

PLATAFORMA 2 PELAS ESFERAS DE EXPANSÃO

Estética e Mística: CIDADÃO DO INFINITO!
Felicidade aqui e agora. Enganação, não!

Cultura: CIDADÃO DO MUNDO SIMBÓLICO
Acesso a três cultura libertadoras: saber, arte, negócios!

Estado: CIDADÃO DA DEMOCRACIA DIRETA!
Autogestão ecorregional sob um poder arbitrador tri-uno!

Economia: CIDADÃO COPROPRIETÁRIO DO ECOSSISTEMA!
Trabalho-moeda-distribuição proporcionais!

Núcleo Afetivo-Familiar: CIDADÃO DA FRATERNIDADE
Capacitação tricerebral de mães pagas pelo Estado!

Mente e Pessoa: CIDADÃO DE SI MESMO!
Resgate sua cabeça. Não a entregue!

Ambiente/Ecologia: CIDADÃO DA NATUREZA!
Abaixo os exterminadores do futuro. Não há planeta B!

Sistema Efetuador Tri-uno Universal: CIDADÃO DA MATERGIA
Reconhecimento, respeito, reverência e gratidão à fonte infinita!

S01	S02	S03	S04	S05	S06	S07	S08	S09	S10	S11	S12	S13	S14
PARENTESCO	SAÚDE	MANUTENÇÃO	SOLIDARIEDADE	LAZER	TRANSP/COMUN.	EDUCAÇÃO	PATRIMONIAL	PRODUÇÃO	RELIGIOSO	SEGURANÇA	POLÍTIC/ADMIN.	JURÍDICO	MÉRITO/RANKing

PLATAFORMA 3 PELOS 14 SUBSISTEMAS

Este modelo ilustra o Manifesto da Proporcionalidade em sua Plataforma 3 que é mais completa, por apresentar propostas pelos 14 subsistemas. Os pequenos triângulos acima de cada subsistema indicam a autogestão por seus próprios profissionais, substituindo os políticos carreiristas.

Com a apresentação gradual - primeiro pelos três cérebros, depois pelas esferas dinâmicas da vida e agora pelos 14 subsistemas - se espera uma apreensão progressiva de toda a proposta do Manifesto. Quem tenha entendido e dominado o ponto de partida e suas ferramentas: princípio tri-uno, sistêmico, proporcional; paradigma tri-cerebral-grupal com proporcionalidade em seus quatro níveis; e os catorze subsistemas com seus quatro fatores operacionais, poderá refazer todo o caminho e o Manifesto até aqui.

PROPOSTAS NOS 14 SUBSISTEMAS DA ORGANIZAÇÃO SOCIAL

As propostas seguintes obedecem à necessidade de concretização das demandas libertadoras expressas nos diversos domínios ou dinâmicas das Plataformas 1, 2 y agora 3 do Manifesto. As propostas são para conseguir o proporcionalismo em cada um dos subsistemas e entre todos eles, para evitar desvios por excessos o por carências.

S01. PARENTESCO/FAMÍLIA. A desvantagem do campo sobre a cidade e da cidade menor sobre as metrópoles será compensada com impostos menores para o campo e maiores para a cidade, progressivos conforme cresça o tamanho da cidade. Facilitar a migração interna e internacional

Abolição de declaração de cor em documentos. Abolir ou desestimular, sobrecarregando de impostos as heranças, à excepção das empresas familiares consideradas de utilidade social Controle de natalidade limitada a um máximo de três paternidades e três maternidades

Direito de liberdade ou preferência sexual e de gênero. Corresponsabilidade familiar: é o critério segundo o qual, qualquer atribuição de responsabilidade, de culpa e de castigo será distribuída proporcionalmente desde o principal responsável até seus parentes em primeiro grau de parentesco, incluindo ex-esposos(as) de acordo com o sistema de parentesco de cada cultura.

S02. SAÚDE. Incluir noções de medicina alopática e métodos alternativos de saúde nos currículos escolares da educação fundamental, priorizando a saúde preventiva e a complementariedade dos métodos para a saúde autoconduzida de cada um. Validar métodos para suavizar a morte de pacientes terminais. O aborto é um direito de toda mulher, primeiro.

A saúde preventiva, ginecológica e do trabalho, será paga por financiamento coletivo. No haverá medicina e outras áreas de saúde, privadas. O tratamento de saúde curativa será gratuito para o nível de minivivência e pago desde o nível de mediovivência, proporcional a cada nível. Proibido o uso do ADN/DNA do indivíduo em documentos legais, na seleção de trabalhadores, em contratos de seguros A saúde e a preservação ambiental serão obrigatórias desde micro até macrocenários do ecossistema mundial.

S03. MANUTENÇÃO. Valorização da simplicidade e qualidade de vida e eliminação da fome. Extinção da publicidade de consumo por comunicação de massa, que deverá ser substituída por informação técnica. Os itens da cesta básica de minivivência aos que todos têm direito, serão adquiridos pela renda básica universal. As bebidas alcoólicas e drogas serão liberadas depois da maioridade, mas seu uso vicioso será de responsabilidade pessoal e o custo do tratamento será pelo critério de corresponsabilidade familiar, e não social/público.

S04. SOLIDARIEDADE E LEALDADE. Direito e promoção da livre associação, exceto para sociedades secretas e quadrilhas ou gangues em qualquer dos 14 subsistemas. Todas as associações serão prestusuárias abrangendo os três subgrupos, sem disjunção entre capital/trabalho dos subgrupos oficiais e capital/trabalho dos oscilantes e antioficiais, com direitos e obrigações proporcionais.

O valor máximo universal será o solidarismo para ter proporcionalidade de níveis de vivência entre os três subgrupos humanos e no ecossistema global. A lealdade maior não será a nações, mas à grande família humana na qual todos somos primos, confirmado pelo genoma.

S05. LAZER. Generalização do esporte, educação do movimento e desfrute para todos como ecologia corporal e vitalidade, em proporcionalidade com os demais subsistemas e horários. Valorização e universalização das artes desde a escola, da cultura folclórica ecorregional, do turismo transcultural e horizontal, garantindo direitos trabalhistas a todos seus profissionais.

Dar proporcionalidade à cultura tricerebral para contrabalancear o excesso de cultura "corporal/física" do cérebro central, das academias, dos esportes, dos espetáculos e da moda. Dar condições para a criatividade por redução da jornada de trabalho.

S06. VIÁRIO (Comunicação e Transporte). Reforma de linguagens e da informação dos três cérebros, dos três subgrupos e dos três poderes supremos para melhorar o entendimento social e o solidarismo triádico. A enganação publicitária, a post-verdade ou negação da ciência comprovada e as *fake News* serão crimes graves. Acesso universal à informática e Internet desde o primeiro ano de escola, para que não se torne vício. Garantir a cobertura de Internet e pelo menos um computador por casa. Distribuição proporcional de horários aos três subgrupos nos meios de comunicação gerais (que serão de propriedade coletiva/pública.

Preferência pelo transporte aquático e por via férrea, reservando as rodovias para interconexões de curta distância e vilarejos. Transporte público urbano por financiamento coletivo e de qualidade. Redução progressiva do transporte individual e melhoramento do coletivo. Desconcentração geográfica das atividades industriais e comerciais com a ajuda da microeletrônica e os home office para diminuir a necessidade de deslocamento de produtos e pessoas e aliviar os problemas ambientais.

S07. EDUCAÇÃO. Educação familiar-escolar pelos 3 cérebros, pelo jogo triádico e pelos 14 subsistemas até os 16 anos para todos, financiada coletivamente. A pessoa portadora de alguma deficiência terá acesso à educação especializada que necessitar até os 16 anos. Toda educação incluirá o esclarecimento do inconsciente familiar e suas recorrências sociais e religiosas.

Depois do nono ano/grau, a educação será pré-profissionalizante nos 14 subsistemas. A ascensão a níveis superiores será livre e estimulada, mas paga proporcionalmente ao nível de vivência, com proteção à iniciativa e ao trabalho pessoal. Não se exigirá diploma académico ou universitário para trabalhar, à excepção das profissões que comportem riscos de vida ou de intersustentabilidade do ecossistema. Cada 7-8 anos, o adulto trabalhador terá direito a 6 meses de reciclagem e atualização de seu capital tricerebral.

Na educação superior o currículo será tricerebral e seu conteúdo distribuído proporcionalmente segundo os requisitos tricerebrais de cada área de saberes. Será prioritária a pesquisa e evolução supradisciplinar ou unificadora do conjunto de saberes de ciências exatas, sociais e humanas para que solucionem o problema da convivência pacífica dentro dos limites da proporcionalidade.

S08. PATRIMONIAL. Haverá, um limite de endividamento presente e futuro para indivíduos, famílias, grupos, prestusuárias. Os fundos da ONU/UPLAT se utilizarão prioritariamente para o desenvolvimento dos países mais pobres do planeta.

Os atuais bancos privados e paraísos fiscais serão suprimidos e seu capital dedicado a políticas públicas. Os bancos públicos/coletivos ficarão sob o controle do Poder Arbitrador de cada ecorregião, com pena de morte para quem roube desde centavos. O poder Arbitrador da ecorregião mais ampla suprirá e controlará o meio circulante, com possibilidade de ser criada moeda alternativa ou social paralela na ecorregião ou município. Criação de moeda nacional ou por blocos regionais, enquanto se criará uma moeda ou um denominador comum planetário com o respectivo sistema bancário como símbolo para todos os satisfatores cujo valor possa expressar-se em moeda (fica proibida a abolição da moeda e substituição por cartões eletrônicos ou chips em alguma parte do corpo). Ficam abolidos os juros sobre empréstimos. O custo do dinheiro é só o de sua administração. O preço de moedas nacionais e de satisfatores internacionais se basearão numa cesta de moedas e commodities. Os empréstimos serão parcerias de negócios entre banco e tomador de crédito. Bolsa, câmbio, sociedades limitadas e anónimas atuam livremente dentro dos limites ou porcentagens de acumulação/endividamento frente ao PDST. Fica abolida a parte de bolsa de futuros ou bolsa-cassino.

O arrendamento de terras estará proibido. A terra improdutiva/especulativa se confiscará e venderá com financiamento, como se financia a moradia.

As contas clandestinas, no país ou no exterior, se confiscarão. A remuneração mínima por cidadão empregado na agendonomia reconhecida ou legal, será a equivalente à minivivência nos 14 subsistemas, e sua progressão será dedicada a fazer de cada empregado um acionista da prestusuária onde atua. Serão cobradas contribuições aos robôs, segundo a proporção de trabalhadores substituídos e a aposentadoria devida a estes. O valor da aposentadoria para todos será o correspondente ao nível de mediovivência da ecorregião.

Minerais, vegetais e animais silvestres, plasma, genoma, transgênicos, o ambiente físico, o ecossistema em geral, não poderão ser propriedade privada absoluta de indivíduos, empresas ou países: salvo sob parâmetros estritamente sustentáveis: serão patrimônio holístico, serão condomínio ou copropriedade de todos os humanos e demais seres, proporcionalmente.

S09. PRODUÇÃO (extrativa, agropecuária, industrial, artística e serviços). A meta maior será a produção de satisfatores autocusteados para necessidades escalonadas pelos 4 níveis de vivência dos três cérebros ou dos 14 subsistemas e não só produção para o lucro e a riqueza. A falsificação de produtos por alguma prestusuária provocará automaticamente seu confisco e dissolução. A iniciativa de produção será livre, com um 38% coletivo-pública e, até 62% particular-privada. A prioridade de financiamento será para setores que contribuam à produção de satisfatores de minivivência e mediovivência, com destaque para a agricultura familiar, e para o apoio científico, técnico, organizativo e comercial para o mesmo.

A agendonomia e as prestusuárias terão horários de funcionamento em cascata ou escamados, sete dias por semana, as 24 horas do dia para evitar horários pico e congestionamentos de transporte.

Os dias "úteis" de trabalho não seguirão a semana tradicional de segunda-feira a sexta; e os dias de descanso não serão todos aos sábados e domingos qualquer dia é começo de semana, qualquer dia é dia de descanso, ficando os dias de trabalho e de descanso em cascata ou escamados.

Desenvolver-se-á o uso da energia eólica, solar, o hidrogênio, mini-hidroelétricas e recursos renováveis para substituir os combustíveis fósseis. Além da reciclagem, as prestusuárias pagarão taxas de uso do ambiente e dos recursos naturais no valor equivalente ao custo de sua reposição.

S10. RELIGIOSO. Esclarecer o que seja reverência, gratidão e celebração do cotidiano – **SETU** - desde a infância, evitando a neurotizante catequese precoce; e orientar os adultos a uma espiritualidade mística, por meditação (por triatos). Liberdade de práticas espirituales, mas não para "religiões" que pratiquem violência ideológico-moral para manipular populações inconscientes de suas recorrências familiares. Haverá conscientização crítica e integração proporcional entre fenômenos de cérebro direito-fé, racionalidade-ciência e pragmatismo-sobrevivência.

As prestusuárias religiosas (religiões) terão somente autonomia local e ecorregional; terão que ser de pequenos grupos e dedicar-se primariamente ao cérebro direito para a elevação do ser humano à estética e mística, sem separar-se dos outros dois cérebros. Estarão subordinadas ao Poder Arbitrador, sem reclamar poder independente ou de estado religioso equiparado ao político (Concordata).

Os calendários de todas as religiões estarão subordinados a um só calendário civil do Poder Arbitrador, que promoverá celebrações ecumênicas.

S11. SEGURANÇA. Abolição da guerra, substituída por arbitragem. Extinção progressiva das Forças Armadas, da produção de armamento de guerra; supressão imediata da tortura e do sofrimento físico. Em caso de declaração de guerra, os combates deverão começar pelos casais que a declaram e daí para baixo

Não haverá tribunal militar. Os abusos das forças armadas serão julgados sem direito a anistia, sem direito ao pagamento de fiança e sem direito a abreviação de pena.

A vítima de qualquer crime ou a respectiva família receberá seguro-indenização pago pela polícia comunitária. A polícia, por sua vez, será paga pelo delinquente que terá que trabalhar, e complementada por seus parentes seguindo o critério de corresponsabilidade familiar.

A população não poderá ter armas que não sejam requeridas pelo exercício da profissão e registradas. Os corpos carcerários serão especializados em reeducação pelo trabalho, estudo, espiritualidade e reinserção social. As penas serão de pagamento aos prejudicados, de serviços à comunidade ou aos prejudicados. A reincidência em crimes graves será tratada por recondicionamento comportamental (lobotomia ou lavagem cerebral).

S12. POLÍTICO-ADMINISTRATIVO. Reduzir pouco a pouco a importância de fronteiras jurídicas e políticas, sobrepondo-lhes a importância de Condomínios Ecorregionais para adaptar-se a conceitos ecológicos.

Normas, leis e decisões se farão por plebiscito direto eletrônico, semanalmente ou na periodicidade requerida. Os partidos, os políticos profissionais e as imunidades estarão suprimidos. Três meses antes da data das eleições para o Poder Arbitrador, este proporá nomes para organizar a Frente Continuísta do subgrupo oficial de turno, a Frente Renovador do antioficial aspirante ao poder, e a Frente Equilibrante do subgrupo oscilante. Terminada a eleição, se dissolverão automaticamente as três frentes.

O Poder Arbitrador será exercido por Juízes aderidos à concepção de Justiça triádica e correspondente Direito triádico. Este "Governo" será tão só o subgrupo oficial, pago como Administrador do condomínio nacional e planetário. A cada subgrupo, funcionário e cargo que se eleja, se lhe formará um dispositivo de vigilância, com função de feedback e, em caso de desproporcionalidade continuada, com poder de formação de tribunal popular. A estruturação dos três subgrupos deverá ser tal que se moderem uno ao outro para manter a proporcionalidade. Como poder público, só existirá o Poder Arbitrador ecorregional-municipal, inter-regional, nacional e planetário, com suas redes ou pactos.

O Poder Arbitrador será eleito por períodos entre 5 a 8 anos, conforme o programa a executar e com direito a reeleição. Porém, pode ser revocado a qualquer momento, por maioria simples, como qualquer outro subgrupo oficial, mediante convocação por plebiscito eletrônico em que participem pelo menos 38% dos cidadãos adultos da ecorregião, país ou bloco em questão. Para as funções da ecorregião, se contratarão servidores de acordo com a lei de agendonomia vigente (sem garantia de estabilidade).

Os impostos (5 no máximo: sobre renda e patrimônio; IVA; jogo/loteria; esportes; transações internacionais) serão coletados eletronicamente.

Os plebiscitos serão soberanos. Distorcê-los, descumpri-los ou contrariá-los decretará, automaticamente, a sentença de morte de seus autores. A função principal do Poder Arbitrador será propor e manter limites proporcionais em tudo, e em cada ecorregião, mantendo ritmos e limites de crescimento de cada subsistema e de cada um dos três subgrupos com previsões de largo prazo, com vistas a reduzir o tamanho, a duração e intensidade das oscilações cíclicas de abundância e escassez dos satisfatores triádicos.

S13. JURÍDICO. Reformulação do Direito e da carreira de leis pelos 14 subsistemas: um Direito Sistêmico Triádico aplicando os princípios do Proporcionalismo entre as três ou mais partes envolvidas. As sanções por uma mesma infração serão diferentes e proporcionais segundo o perfil do nível de vivência do réu: quanto mais alto o perfil, maior a sanção pela mesma infração; e quanto mais baixo o perfil tricerebral do ofendido, maior a pena para o agressor. Todos os julgamentos e todas as sanções envolverão três partes proporcionalmente, formadas por indivíduos, subgrupos, prestusuárias e países mais diretamente corresponsáveis pela situação em questão. Se fará a miniaturização do Poder Arbitrador com Juízes de paz, tribunais populares, moderadores e mediadores por toda parte, eleitos por votação direta.

Unificação, simplificação da documentação identificadora biométrica do cidadão, completamente aberta a seu titular. Não haverá agências de inteligência ou de informação secreta, nem espionagem da vida do cidadão por parte do tri-oficialismo, a não ser que o cidadão tenha direito de fazer o mesmo como tri-oficialismo. O mundo digital e suas diversas aplicações nos 14 subsistemas é o projeto regulatório mais urgente da sociedade emergente.

S14. PRECEDÊNCIA – reconhecimento, rank-

ing. A institucionalização de concursos, competições municipais e ecorregionais, a distribuição de distinções e monumentos estarão sob o controle do colegiado de autogestão deste subsistema. Todo sistema de avaliação abrangerá o tricerebrar ou os três blocos de subsistemas, cuidando que as premiações sejam proporcionais aos três cérebros e aos três subgrupos, premiando o mérito moral-ético, a cooperação e o esforço e êxitos proporcionais.

A principal tarefa deste subsistema será moderar a disparada maximocrática apressada de indivíduos, subgrupos, prestusuárias e países em todos os demais subsistemas para evitar a lei da selva ou a lei da seleção natural pela superioridade da força.

Na reverência à memoria do pasado (museus e monumentos) se incluirão amostras da paisagem, da flora, da fauna e de experimentos sociais notáveis, preservando a identidade local. O estudo da História e da Geografia será triadizado, começando pelo aqui e agora, do contrário não passará de um registro laudatório do banditismo político e militar.

PLATAFORMA 4

PROPOSTA DE GOVERNANÇA PLANETÁRIA

"As Nações Unidas agora, e um futuro Governo mundial têm que servir um único objetivo: a garantia da segurança, tranquilidade e bem-estar de toda a humanidade" (Albert Einstein em carta aberta à Assembleia Geral das Nações Unidas, 1947; *Escritos da Maturidade*, 1994).

"Quando você se declara hinduísta ou muçulmano, cristão ou europeu, ou qualquer outra coisa, você está sendo violento. Por que é violento? Porque você se está separando do resto da humanidade. Ao separar-se por crença, nacionalidade, tradição etc. você gera violência. Por isso, um ser humano que busca compreender a violência não pertence a nenhum país, a nenhuma religião, a nenhum partido político ou qualquer sistema parcial; seu interesse (e sua identidade) é a compreensão da humanidade como um todo" (Krishnamurti, *Liberte-se do Passado, 1993*).

Uma proposta, uma mudança, uma constituição, uma religião, uma revolução que não se faça para a proporcionalidade entre os três subgrupos não é mais que um golpe, um assalto de uma classe ou de um subgrupo sobre os outros dois (Germán Zavala (ex-ativista-marxista colombiano).

Visão sintética da estrutura da ONU pelos 14 subsistemas, sabotada cada vez mais pelo império judeu-anglo-americano

Nosso objetivo é socorrer um planeta em situação crítica de convivência ecossistêmica global com grave perigo de extinção de múltiplas formas de vida, começando pela espécie humana, baseando-nos na metodologia supradisciplinar da Ciência Social Geral, ou Cibernética Social Proporcionalista. Somos expressão dos incontáveis chamados à reorientação da ação social humana, que incluem, citando como um antecedente, a carta aberta à Assembleia Geral das Nações Unidas, escrita por Albert Einstein em 1947, na que pedia uma urgente reformulação da economia e pedia a governança mundial para a paz.

FRACASSO DA ECONOMIA E DE OUTROS REMÉDIOS ENSAIADOS

As propostas de pobreza voluntária dos primeiros hippies, como Buda que desprezou os desejos por ser fonte de todo sofrimento, como o filósofo Diógenes que desprezou a Alexandre Magno, como o religioso Francisco de Assis que desprezou a riqueza da Igreja católica, como o revolucionário judeu, Karl Marx, que desprezou o capitalismo, todas têm sido propostas que não prosperaram como remédio à insânia e barbárie econômico-financeira de todos os tempos.

Cremos que este novo paradigma sistêmico tri-uno da Ciência Social Geral é melhor que qualquer outro para enfrentar a calamitosa situação do planeta e da humanidade, com uma nova proposta global.

Como será uma utopia para o novo ciclo da humanidade que requer governança planetária, cansada já de seus medíocres governos e nacionalismos? Não se pode dizer que a solução vem de uma nova ordem econômica ou de um novo regime político ou do ecumenismo religioso, separadamente.

Um manifesto, então, terá que partir da triadicidade da matergia que empurra à maximocracia, assim como dos três poderes máximos, com seus vícios e abusos: primeiro, enfrentando nosso grande inconsciente coletivo que é a fúria expansiva da matergia tri-una que nos empurra a esta corrida louca que terminará em tragédia; segundo, enfrentando as tiranias tri-grupais de cada etnia e país. Terá que haver um salto de conscientização do jogo triádico e um pacto de cooperação entre os subgrupos para impedir que este jogo nos obrigue a matar-nos.

A História é evolutiva e superadora, de ciclo em ciclo. Este novo ciclo terá que ser pós-capitalista, pós-socialista e pós-sacral, enfrentando a resistência de seus respectivos donos e privilegiados, assim como a Reforma-Revolução protestante enfrentou as tristes guerras e massacres religiosos de sua época. Agora, porém, se trata de "salvar" ou dar-lhe mais longa vida aos três subgrupos e a todo o ecossistema e não só de "salvar" a magnífica vida dos subgrupos oficiais do poder político, econômico e sacral de qualquer país e região.

GOVERNANÇA PLANETÁRIA TRI-UNA PELA UPLAT

UPLAT - União Planetária Tri-una - é uma proposta de organização da governança planetária, de cidadãos planetários, como sucessora da ONU, que já cumpriu seu papel e não tem forças para consertar o crescente caos internacional em que navegamos. Mais que nunca, é o momento de instituir a governança planetária. As tentativas que se fizeram foram não mais que acordos de vencedores das últimas duas guerras mundiais, ou seja, o império judeu-britânico-americano. Seria melhor não esperar outra guerra mundial (a do juízo final?) para refazer a governança mundial.

Una organização de governança mundial não seria para vencedores de guerra contra os derrotados, como foram a Liga das Nações e a ONU. Seria um poder de arbitragem para toda a humanidade, todos os países e seus três subgrupos tetranivelados, junto com o ecossistema, substituindo a guerra pela arbitragem.

Uma UPLAT – União Planetária Tri-una da humanidade - não seria só de nações ou de blocos econômicos nem só de banqueiros/especuladores ou de políticos e governantes (marionetes do poder econômico). Para que a humanidade e seu ecossistema como um todo defendam a vida, não têm que buscar o inimigo em uma etnia ou em um país. O inimigo a deter e, se for necessário, a exterminar, é o subgrupo oficial mais alto do poder econômico de uma etnia, de um país, de uma região e do planeta. A fonte de perversão da história não são os judeus, não são os brancos, os negros, os amarelos, não são os homens ou as mulheres, nem os políticos, nem os religiosos: são os subgrupos oficiais do poder econômico-financeiro desproporcionais, sejam seus membros judeus, árabes, alemães, brasileiros, masculinos, femininos, políticos, brancos ou negros, religiosos ou pagãos, do Norte ou do Sul, do Oriente, Ocidente ou Oriente Médio.

A UPLAT, em suas diversas esferas e suas instituições pelos 14 subsistemas, faria a governança do Show Planetário, ilustrado a seguir, para conseguir que as forças naturais, todos os ocupantes do planeta e as ambições dos subgrupos humanos se mantenham dentro dos limites do PROPORCIONALISMO e se esforcem para fazer o feedback corretivo dos desvios por negociação, mediação e arbitragem e não pela violência e a guerra.

Show do jogo tri-uno planetário, em 16 cenários, esferas ou níveis

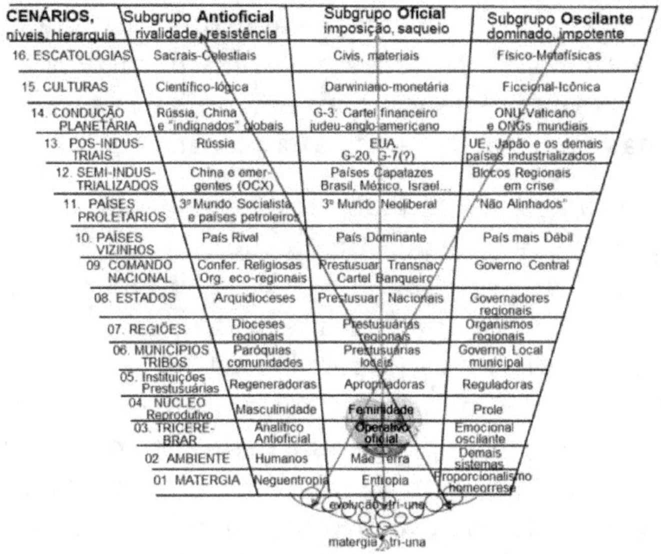

CENÁRIOS, níveis, hierarquia	Subgrupo **Antioficial** rivalidade, resistência	Subgrupo **Oficial** imposição, saqueio	Subgrupo **Oscilante** dominado, impotente
16. ESCATOLOGIAS	Sacrais-Celestiais	Civis, materiais	Físico-Metafísicas
15. CULTURAS	Científico-lógica	Darwiniano-monetária	Ficcional-Icônica
14. CONDUÇÃO PLANETÁRIA	Rússia, China e "indignados" globais	G-3: Cartel financeiro judeu-anglo-americano	ONU-Vaticano e ONGs mundiais
13. POS-INDUS-TRIAIS	Rússia	EUA. G-20, G-7(?)	UE, Japão e os demais países industrializados
12. SEMI-INDUS-TRIALIZADOS	China e emer-gentes (OCX)	Países Capatazes Brasil, México, Israel...	Blocos Regionais em crise
11. PAÍSES PROLETÁRIOS	3º Mundo Socialista e países petroleiros	3º Mundo Neoliberal	"Não Alinhados"
10. PAÍSES VIZINHOS	País Rival	País Dominante	País mais Débil
09. COMANDO NACIONAL	Confer. Religiosas Org. eco-regionais	Prestusuar Transnac Cartel Banqueiro	Governo Central
08. ESTADOS	Arquidioceses	Prestusuar Nacionais	Governadores regionais
07. REGIÕES	Dioceses regionais	Prestusuárias regionais	Organismos regionais
06. MUNICÍPIOS TRIBOS	Paróquias comunidades	Prestusuárias locais	Governo Local municipal
05. Instituições Prestusuárias	Regeneradoras	Apropriadoras	Reguladoras
04. NÚCLEO Reprodutivo	Masculinidade	Feminidade	Prole
03. TRICERE-BRAR	Analítico Antioficial	Operativo oficial	Emocional oscilante
02. AMBIENTE	Humanos	Mãe Terra	Demais sistemas
01. MATERGIA	Neguentropia	Entropia	Proporcionalismo homeorrese

Alguns princípios para o projeto da UPLAT e governança do atual Show do Jogo Planetário

1. Aplicação do paradigma sistêmico tri-uno e suas ferramentas, até a superação por algo melhor e mais eficaz. Com puros seres monádicos, não há como moderar a violência do jogo triádico, nem por leis, nem por religião, nem por educação; e continuar-se-á na busca de ajustes por meio de greves, revoluções e guerras, só para que o vencedor se torne o novo carrasco.

2. Aplicação do PROPORCIONALISMO em números, como base da justiça triádica, da constituição e direito de qualquer esfera ou nível de

organização. Com base nisso, se estabelecerão os fins e valores a serem alcançados por meio de uma escala de vectores positivos/negativos entre os polos de neguentropia e entropia dos 14 subsistemas e em suas esferas de expansão dinâmica.

Assim, a "Igualdade perante a lei" fica abolida. Prevalece a norma da responsabilidade diretamente proporcional ao posto ou nível de vivência do infrator (quanto mais alto, mais paga); o grupo familiar e a equipe triádica de cada esfera do infrator principal pagará solidariamente, proporcional ao grau de proximidade do mesmo, em dois graus/nníveis de proximidade tridimensional. As sanções grupais serão proporcionais à violência 1ª do oficialismo, à violência 2ª do antioficialismo e à violência 3ª do oscilante..

VIOLÊNCIA 1ª: do oficialismo
Violência "legalizada" com aperto crescente pelos subgrupos oficiais (mães/pais, docentes, padres, pastores, chefes, banqueiros, governos, impérios) camuflada de vontade divina, de razões de Estado ou de mercado (bancos e bolsas), fazendo-se passar por SUJEITO OCULTO (não tenho culpa!). É o crime bem organizado nos palácios governamentais, religiosos e bunkers de bancos, sem risco. Corresponsável por ±62% da desordem tri.

VIOLÊNCIA 2ª: do antioficialismo
É a do subgrupo que reage à violência 1ª imposta pelo oficialismo, tida por este como ilegal, terrorista, "eixo do mal" e injusta. É a contraviolência que luta por libertação, perseguida até a morte. Corresponsável por ±30% da desordem tri.

VIOLÊNCIA 3ª: do oscilantismo
A violência popular, comum, de rua, porque o povinho acaba achando que tem os mesmos "direitos" que "os de cima". Correm todos os riscos porque têm que ir pra rua assaltar. Crime mal-organizado. Corresponsável por ±8% da desordem tri.

Ordem em que ocorre opressão violência e terrorismo entre subgrupos e níveis

2.1. A lei maior será a Roda-Legal da esfera planetária como constituição geral. A Roda-Legal organiza os direitos/deveres universais mínimos pelos 14 subsistemas e seus 4 níveis, com a UPLAT ao centro; obedecendo a esta constituição, cada esfera em escala descendente fará sua respectiva Roda-Legal.

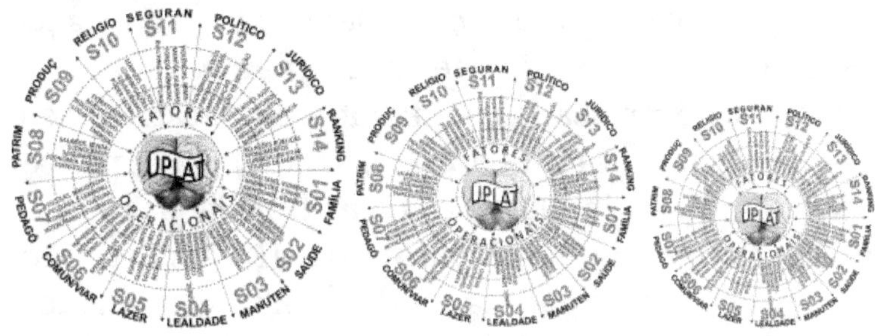

3. A "Igualdade frente à lei" fica abolida. Prevalece a norma da responsabilidade diretamente proporcional ao posto do infrator (quanto mais alto, mais paga); o grupo familiar e a equipe triádica de cada esfera do infrator principal pagará solidariamente, proporcional ao parentesco em primeiro de primeiro grau. As sanções grupais serão proporcionais à violência 1ª do oficialismo, à 2ª do antioficialismo e à 3ª do oscilante.

4. Como sucessora da ONU, a UPLAT herdaria suas instalações e ativos em um processo de três anos. O poder supremo será do Comitê Arbitrador Tri-uno, sem outros poderes paralelos como o político-econômico e o sacral; estes serão somente subsistemas com dinâmica de grupo específica, não generalista, e sob o Comitê Arbitrador.

4.1. A iniciativa para a criação da UPLAT seria uma moção da ONU para criar pressão dos cidadãos planetários e forçar o G-20 (Grupo dos 20 países mais desenvolvidos) a responsabilizar-se pelo projeto. O G-20 consultaria os demais blocos e países, até chegar a um consenso sobre a criação da UPLAT e o processo de sua implementação, sob consultas e pressão de cidadãos planetários. Se o G-20 recusar essa missão, a ONU poderia convocar uma Assembleia Geral extraordinária para criar uma Assembleia Constituinte da UPLAT. Este projeto de constituição da UPLAT seria submetido a consulta popular e depois a uma nova Assembleia Geral da ONU. Se o império judeu-anglo-estadounidense se recusasse a aceitar a UPLAT e o grupo BRICS não conseguisse fazê-lo, seria preciso esperar outra guerra mundial e, que os poucos sobreviventes (se os houver) retomassem o projeto.

5. Para ser membros do Comitê Arbitrador e operadores da justiça triádica de todas as esferas e níveis, os candidatos têm que provar que estão livres de vínculos ideológicos, partidários, religiosos, étnicos, nacionais etc., ou seja, ser ex-partidários, ex-afiliados e ex-identificados com qualquer subgrupo político-econômico-religioso. Para operar a Justiça Triádica necessitam ter os cérebros tri-tetranivelados proporcionais e estar livres dos vínculos e compromissos mencionados, do contrário serão declarados impedidos.

5.1. As Escolas de Direito e seus currículos serão reformulados em função da justiça triádica e da perspectiva da UPLAT.

6. Os funcionários de qualquer instituição pública de primeiro, segundo e até o terceiro escalão terão a divulgação anual de salários, benefícios e patrimônio, e estão sujeitos a pena de morte por infração de grau 3 em uma escala de até 3 graus de gravidade (roubo, corrupção, conspiração etc.); pena de prisão perpétua por infração de grau 2 (venda de informação privilegiada, favorecimento político-econômico etc.); e penas menores por infração de grau 1 (negligência administrativa, ofensa ao público etc.).

7. A sinais contínuos de tirania - oficialismo desproporcional - comprovada em qualquer esfera, os subordinados têm direito ao tiranicídio, fora dos processos legais. A justificação para a desobediência civil e a resistência e até para o tiranicídio ou "oficialicídio" é dada tanto pelo católico Santo Tomás de Aquino, na parte da Suma Teológica em que trata do Regime dos Príncipes e no Comentário às Sentenças de Pedro Lombardo, como pelo filósofo e jurista protestante John Locke, em seu Segundo Tratado sobre o Governo. Está absolutamente proibido o asilo político a qualquer tirano, terrorista ou golpista foragido. O país que tiver sido prejudicado poderá caçar tais tipos, livremente e onde seja, como fez Israel em sua justa caçada aos criminosos nazistas da segunda guerra mundial.

7.1. A UPLAT manterá um Tribunal da História (à maneira do tribunal Bertrand Russell-Sartre) para julgar ações desproporcionais de países e blocos.

> "Se certos atos e violações de tratados são crimes, serão crimes tanto se cometidos por Alemanha como pelos Estados Unidos" (Juiz Robert H. Jackson, procurador-chefe do tribunal de guerra de Nuremberg).

8. As seguintes são as esferas em que o poder arbitrador tri-uno funcionaria, sem haver nenhum país ou império superior, independente, ou com poder de veto, somente com direitos e contribuições proporcionais:

8.1. O poder Arbitrador Superior será a UPLAT, constituída pela confederação de blocos de países organizados entorno a um determinado índice demográfico de representação. Não pode ter igual peso o voto de um país de 300 milhões de habitantes que o de um de 500 mil (atualmente há 58 países com menos de 2,5 milhões, e destes, 38 têm 500 mil ou menos). A UPLAT seria a federação de tais blocos. Fica proibida a criação de novos países, de novos estados/províncias e municípios nos países, porque seria a entronização de novos tri-oficialismos ou poderes aí enfeudados. Com a UPLAT, se fecham, por desnecessárias, todas as embaixadas e organizações de espionagem, substituídas pelos meios diretos e instantâneos de comunicação (TIC) e negociação.

O Poder Arbitrador máximo, com Comités Arbitradores subordinados, atuaria:

- Em cada bloco de países que é uma federação de países;
- Em cada país que é uma federação de estados, províncias ou regiões;
- Em cada região, estado ou província que será uma federação de ecorregiões (essas são federações de municípios);
- Em cada ecorregião que será uma federação de municípios com características de intersustentabilidade.
- Em cada município que será uma federação de micro ecossistemas. Um município só pode existir a partir de 30.000 habitantes, e comprovando que tem renda per capita anual mínima de US$ 5.000,00 (os atuais municípios sem estes requisitos serão reabsorvidos).

9. Cada uma dessas esferas tem autogestão em cada uno dos 14 subsistemas, mas subordinados ao poder arbitrador único da respectiva esfera UPLAT; e esta, subordinada à imediatamente superior até a esfera da UPLAT planetária.

10. Como se trata de democracia direta, as decisões que mudem o *status quo* existente, uma vez avaliadas por uma comissão de peritos, terão que submeter- se a votação eletrônica da esfera respectiva. No intervalo entre uma votação e outra,

ou em caso de não funcionamento de telecomunicações/Internet, o poder arbitrador tri-uno pode legislar como medida temporal *ad referendum.*

11. Para evitar inconsistência entre decisões de esferas e entre cada subsistema e seus níveis, tudo será submetido a um software que faça os cruzamentos correspondentes, obedecendo sempre aos princípios da proporcionalidade entre todos os elementos do *Reality Show* do Jogo Triádico Planetário.

12. O custo de cada esfera (seus governantes e funcionários) não pode passar do 40% de seu PDST, sob o princípio da transparência tri-tetra. Fica abolido qualquer sigilo ou reserva sobre assuntos de interesse público. Os no máximo cinco impostos serão progressivos e proporcionais ao nível de vivência de cada pessoa, empresa, país e bloco de países. Ver *Comissão Independente pela Reforma da Taxação Corporativa Internacional*:

https://nuso.org/articulo/reforma-da-tributacao-corporativa-internacional/

12.1. A medida de produção de satisfatores para o bem viver será pelo PDST, em cada esfera, em substituição ao PIB, PNB, IDH, IPS e outras medidas.

12.2. Não haverá agências privadas de avaliação de risco para investimento. Isso será trabalho dos institutos da UPLAT.

12.3. A reforma do sistema monetário começa pela criação de uma moeda planetária de referência (em substituição ao dólar e DEG - Direito Especial de Giro - do FMI), com um banco central e de compensações da UPLAT.

12.3.1. A cotização de valor das moedas de cada bloco de nações, para o comércio e pagamentos interblocos, será calculado pela UPLAT de acordo com o PDST de cada bloco.

12.4. O dinheiro não rende juros; ao ficar parado (sem ser utilizado), começa a ter juros negativos (começa a desvalorizar-se) depois do terceiro mês.

13. A UPLAT adoptará, para relações internacionais, as línguas inglesa e espanhola e o sistema decimal universal. Cada bloco poderá adoptar outras línguas. Os cidadãos e grupos empresariais terão identidade e passaporte com validez planetária; suas infrações serão julgadas onde foram cometidas, sem considerar sua procedência geográfica ou cidadania nacional.

14. Haverá um só calendário mundial unificado, sem calendário religioso; as religiões terão um dia do ano para sua comemoração conjunta. As

confissões religiosas são livres e protegidas, mas terão unicamente carácter privado, sob o Poder Arbitrador.

15. A invasão de outros países, seja para o que seja, será detida pela UPLAT; o castigo será despojar o país invasor de território igual ao que foi invadido e ser submetido a um Tribunal da História.

*****

Este é um convite a pensar o dia seguinte, ou seja, o que segue a alguma catástrofe. A atual destruição do ecossistema, as pandemias, a acumulação desenfreada de capital pelo 1% e o caos da governança planetária são uma só e mesma catástrofe (talvez ainda manejável) mas que anuncia outras piores, com outros holocaustos. Isso é um fato histórico na etapa de decadência de um império, como agora a decadência do império judeu-anglo-estadunidense.

Nunca será demasiado repetir o famoso filósofo judeu Karl Popper, consciente de sua corresponsabilidade, e de Primo Levi, um sobrevivente de Auschwitz:

> "O antissemitismo era um mal que deveria ser temido tanto pelos judeus como pelos não-judeus; correspondia a todas as pessoas de origem judaica fazer o possível para não exacerbá-lo" (POPPER, Karl, em Unended Quest: An Intelletural Autobiography, 1974).

"A história dos campos de extermínio deveria ser

compreendida por todos como um sinistro sinal de perigo", escreveu Primo Levi na introdução de seu livro É Isto um Homem? (1988).

NOTA FINAL DE REFORÇO E TEMOR

Estamos convencidos que o inimigo a manter dentro dos limites da proporcionalidade não é nenhum povo, nem etnia, nem qualquer país ou religião. Estamos convencidos, sim, que o inimigo maior da humanidade hoje, são os subgrupos oficiais do poder econômico-financeiro desproporcionais e que é dever de todos confrontá-los, combatê-los, detê-los e controlá-los, e até exterminá-los se não se submeterem. Não importa a etnia ou "raça", a cor, o sexo, a religião, a história ou nacionalidade dos membros desse subgrupo: terão que ser perseguidos como inimigos da humanidade. Vale a pena identificá-los:

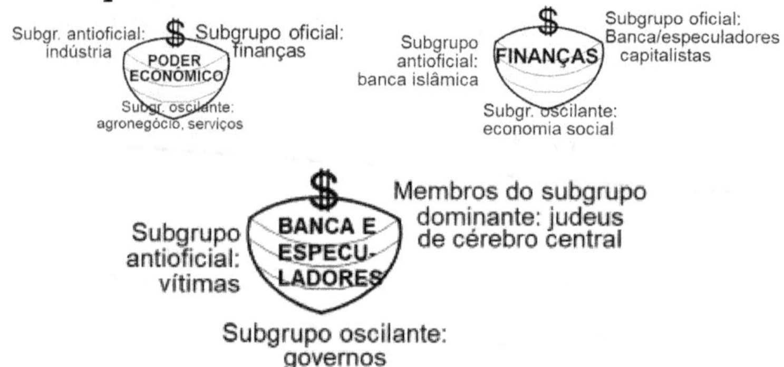

Constatamos com preocupante surpresa como tão poucos tomam a sério as graves advertências de pensadores como Popper, Freud, Einstein, Primo Levi, Isaac Deutscher, Ernest Gellner,

Edgar Morin, Z. Bauman e tantos outros "judeus não judeus" benfeitores da humanidade. Para evitar novos holocaustos, há que insistir e lançar este S.O.S. para moderar os excessos dos subgrupos econômico-financeiros desproporcionais, para evitar uma segunda vinda de Hitler e de outras guerras de extermínio. Não importa que se invoque o antijudaísmo como desculpa para rejeitar o que aqui se propõe. Se não se atende a este S.O.S. crescerá a desproporção e com ela os neonazismos, neorracismos, a barbárie e os holocaustos, indiscriminadamente.

> Há um sentimento generalizado de impotência, porque não entendemos a verdadeira natureza do problema e suas falhas. O problema está no coração do sistema econômico ocidental. Em lugar de proteger as pessoas, o sistema está permitindo que os quatro cavaleiros (do Apocalipse) galopem para o ato final. Os 4 são: o sistema financeiro voraz; a escalada da violência organizada; a sórdida pobreza para bilhões de pessoas; e o esgotamento dos recursos da Terra. Esses quatro cavaleiros, trombeteando o fim de tudo, galopam sem encontrar resistência, porque o mapa cognitivo posto em prática pelas escolas, universidades, religiões, e meios de comunicação massiva não incentivam o questionamento do *establishment*. Em lugar de questionamento e resistência, há uma apatia de vacas caminhando mansamente para o matadouro (Ross Ashcroft, Four Horsemen, 2012, 01:38:54 vídeo documentário, com adaptações: http://

www.youtube.com/watch?v=5fbvquHSPJU)

"Civilização é impedir que os miseráveis sejam ainda mais miseráveis; e impedir que os poderosos sejam ainda mais poderosos" (Primo Levi, 2013).

99% CONTRA O 1%!

É tarde, é preciso despertar!

UM MUNDO PROPORCIONAL É POSSÍVEL!

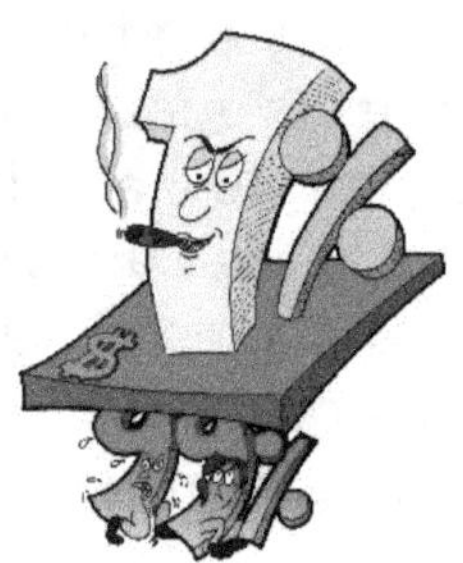

BIBLIOGRAFIA

BATISTA, Sebastião. *Aproximação ao conceito do direito desde a perspectiva triádica - descrição de sua estrutura, dinâmica e finalidade* (tese de doutorado). Universidade de Almeria, Almeria – Espanha, 2004.

BORGES, Jorge Luís. *O Aleph*. Porto Alegre: Editora Sagitário, 1976.

BREGMAN, Rutger. *Utopia para realistas - a favor da renda básica universal, a semana laboral de 15 horas, e um mundo sem fronteiras-*. Barcelona: Salamandra, 2017.

DEUTSCHER, Isaac. *O judeu não-judeu e outros ensaios*. Rio de Janeiro: Civilização Brasileira, 1970.

EINSTEIN, Albert. *Escritos da maturidade*. Rio de Janeiro: Nova Fronteira, 1994.

FREUD, Sigmund. *Moisés e o monoteísmo*. Rio de Janeiro: Imago, 1975.

GELL-MANN, Murray. *O quark e o jaguar – aventuras no simples e no complexo*. Rio de Janeiro: Rocco, 1996.

GOLOMB, Jacob. *Nietzsche e Sião*. São Paulo: Madras, 2005.

GREGORI, W. *Cibernética social – um método interdisciplinar das ciências sociais e humanas*. São Paulo: Cortez, 1984.

GREGORI, W. *Ciência social geral*. Santa Maria (RS, Brasil): Pallotti, 2019.

GREGORI W. *Neuroeducação para o êxito*. Curitiba: AP-

PRIS, 2020.

KRISHNAMURTI, Jiddu. *Liberte-se do passado*. São Paulo: Cultrix, 1993.

LEVI, Primo. *É isto um homem?* Rio de Janeiro: Rocco, 1988.

MACLEAN, Paul. *The triune brain, emotion, and scientific bias*. NY, Schmitt Ed., 1970.

MONBIOT, George. *A era do consenso - manifesto por uma nova ordem mundial*. Rio de Janeiro: Record, 2004.

MORIN, Edgar. *O mundo moderno e a questão judaica*. Rio de Janeiro: Bertrand Brasil, 2007.

MÜLLER, A.R. *Teoria da organização humana ou dos 14 subsistemas sociais*. São Paulo: Editora Sociologia Política, 1958.

ORWELL, George. *1984*. São Paulo: Cia das Letras. 2009.

GLOSSÁRIO

Algumas palavras estão neste glossário porque são novas, outras porque são pouco conhecidas ou porque as redefinimos ou relativizamos por seus três ângulos, três significados, três modos de usar por cada uno dos três subgrupos. É como estabelecer um dicionário triádico, negando que as palavras tenham sentido único ou unívoco. Há no mínimo três linguagens e três sentidos para cada palavra porque cada um dos três subgrupos está atrincheirado em um lado do palco trilateral do jogo da vida, com cérebros que têm três modos unilaterais de ver, perceber, dar significado e expressar-se. Por isso se insistirá em usar "tri" antes de algumas palavras para significar tri-membração, tri-lateralidade, tri-significação; tri-democracia, tri-grupal, tri-oficialismo, tri-satisfatores, tri-custos, tri-ganhos etc.

AGENDONOMIA - todas as agendas, ocupações prestadias-oferta e usuárias-demanda dos 14 subsistemas. Substitui o conceito de "trabalho" da era industrial, porque é mais amplio.

CONCORDATA – Nos países anglo-saxões protestantes, a religião está sob o poder político do Estado. Nos países latinos, a religião católica do estado do Vaticano mantém tratados de independência e equiparação com o Estado político nacional, tratado este que se chama "Concordata". Espera-se que as teocracias sejam substituídas por democracias. Os principais líderes idealizadores do sionismo - Theodor Herzl, Max Nordau, Berdichevski, Martin Buber e outros - propuseram um estado laico (separação entre Estado de Israel e a religião hebraica).

DEMOCRACIA DIRETA – Democracia é o autogoverno pelos três poderes máximos - político, económico, sacral e seus três subgrupos de todos os 4 ou mais níveis de vivência - ou seja, triarquia (governo pelos três subgrupos). Democracia direta quer dizer que os três subgrupos tetranivelados não vão entregar seu poder ou eleger representantes tais como vereadores, deputados e senadores. A tecnologia digital possibilita que se faça votação de leis, projetos ou decisões a toda hora e por todos, sem necessidade de delegados ou representantes.

DINÂMICA DE GRUPO generalista e específica – É o uso do poder no jogo triádico. Dizemos dinâmica <u>generalista</u> quando há liderança sobre um conjunto todo, por exemplo, sobre os três cérebros, as três culturas ou todos os 14 subsistemas da vida. O tri-oficialismo é ou trata de ser sempre poder generalista. Dizemos dinâmica de grupo ou liderança <u>específica</u> quando há liderança apenas sobre uma parte de um todo, como sobre um dos três cérebros, ou sobre um dos 14 subsistemas da organização social. O poder específico está subordinado ao poder generalista (não forma ilhas de poder autônomo).

ECONOCRACIA – ditadura da produção e do dinheiro, devida ao excesso de cérebro central. Ao regime do dinheiro e seus abusos, o poeta estadunidense, Ezra Pound, denominou "usurocracia". Aristóteles dizia "crematística".

ECORREGIÃO - visão do planeta por esferas (mini, média, grã, maxi) autocontidas e autossustentáveis por seu modo de pôr em rede prestusuária proporcional as 8 dinâmicas nomeadas na Plataforma 2.

EFETUADOR - sinônimo de sistema. Se diz efetuador porque o sistema efetua a transformação de inputs em outputs, de ensino em aprendizagem, de insumos em produtos, de investimento em renda, de custos em benefícios etc. ao largo e longo do fluxo prestusuário.

FLUXO PRESTUSUARIO (prestadio+usuário ou prestadismo+usuarismo) - nome dado ao processo, sequência ou torrente de intercâmbios e co-transformações entre sistemas com suas válvulas ou pontos de recepção/transmissão de inputs, transformação e outputs. Entre os humanos lhe dizem processo econômico ou cadeia de produção e consumo. "Fluxo Prestusuário ou Usuprestadio" (segundo a ponta desde a qual se olhe o processo) representa melhor esse fenômeno e, ademais, abarca o mesmo fenómeno para tudo o ecossistema, ou os sistemas não humanos com que nos relacionamos em um fluxo usuprestadio universal.

IMPOSTOS – Contribuições dos três subgrupos - crescentes pelos quatro ou mais níveis - para manutenção da estrutura do Poder Arbitrador tri-uno e seus serviços. Se os impostos fossem aproximadamente 5 seriam:

A) sobre renda e patrimônio;

B) IVA;

C) jogo/loterias;

D) Esportes;

E) transações comerciais internacionais.

A dificuldade com o da letra E se dá porque a ONU não pode com o caos da globalização do poder económico. Ver:

www.icrict.com/icrict-in-thenews/2018/1/3/a-reforma-de-a-tributacin-corporativa-internacional

JUDEU – Todo nascido de mãe judia. Por tradição de cultura endogâmica, será educado com estrita fidelidade étnica de tipo tribal.

JUDEU NÃO-JUDEU – Conceito criado por Isaac Deutscher (1907-1967): judeu que decide destribalizar-se, abandonando a crença de povo escolhido ou "raça" superior, para sentir-se membro comum da grande família humana e lutar por toda ela.

MAXIMOCRACIA, neguentropia - ímpeto de propulsão dos sistemas a querer saber, ser e ter sempre mais de tudo, infinita e eternamente, evitando cair, baixar, perder, retornar ao nada, ao mínimo (minimocracia, entropia). Manter-se no trapézio entre as duas forças ou os dois polos extremos é sabedoria proporcionalista.

MATERGIA - Dadas certas condições, a energia tri-una se converte em matéria ou sistemas tri-unos e vice-versa, segundo a fórmula de Einstein. Daí a contração de matéria+energia em matergia tri-una, um conceito que substitui tanto a dicotomia matéria-espírito como o materialismo dialético.

MAXIMOCRACIA, neguentropia

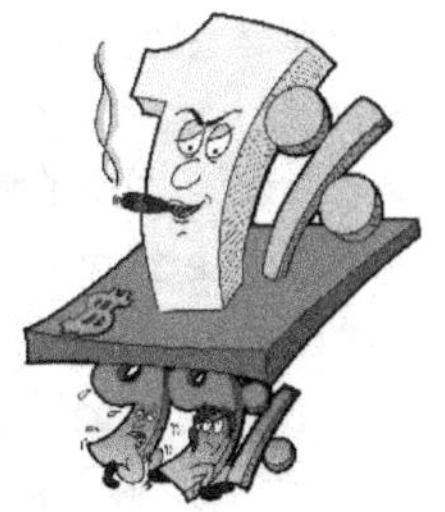

Compulsão dos sistemas, imposta pela engrenagem da matergía tri-una, a querer saber, ser e ter sempre mais de tudo, infinita e insaciavelmente, por medo a perder, resvalar, a ficar reduzido ao mínimo, ao nada, (entropia, minimocracia). Os três subgrupos são maximocráticos, mas o que tem os meios para isso é o tri-oficialismo. Quanto mais unilateral o tri-oficialismo, mais selvagem será a competição e a desigualdade.

MONÁDICO – Paradigma/modelo de raciocínio e ação que vê e se detém numa só coisa, um lado somente, menosprezando o contexto sistêmico que é sempre triádico, desconhecendo ou minimizando os outros dois lados. O monádico em teoria será tirano e excludente na prática. Os subgrupos oficialistas são os mais ferozes defensores do paradigma monádico porque justifica seus privilégios e abusos.

NÍVEIS DE AGENDONOMIA E DE VIVÊNCIA - Como não há nem igualdade nem desigualdade absolutas, e sim diferenças proporcionais, os sistemas se organizam em níveis ou hierarquias em formato piramidal (classes, escalões, organogramas, carreiras etc.). Para a divisão de trabalho, capacitação e autoridade, falamos de 4 Níveis de Agendonomia. Para a divisão de tri-satisfatores, de padrões de vida ou bem-estar, falamos de 4 níveis tricerebrais de vivência, amplificando o conceito de classes sociais, baseado este tão somente no econômico do cérebro central.

OFICIALISMO – pilha de pessoas, grupos, classes, países

com poder de mando sobre os demais, devido ao uso predominante do cérebro central e seu arsenal: influência, liderança, ordem, coordenação, dinheiro, lei, armamento; quando o oficialismo é desproporcional se dedica à intimidação, violência econômica, violência legal, violência guerreira etc. A qualquer dos três subgrupos há que qualificá-lo como proporcional ou desproporcional, em diferentes gradações. TRI-OFICIALISMO SUPREMO ou generalista refere-se ao Poder Político, Econômico e Sacral que disputam o controle dos 14 subsistemas; oficialismo específico refere-se ao poder de quem controla cada um dos 14 subsistemas.

PARADIGMA - modelo, método, maneira de usar os três cérebros, ou de comportar-se e de atuar em qualquer jogo. O atualmente predominante é o monádico, unilateral, individualista, darwiniano. Hegel e Marx lutaram para endoculturar o paradigma diádico, dialético. A cibernética social luta para endoculturar o paradigma tri-uno ou trialético. Ver cartesiano e cosmovisão.

PRINCÍPIO TRI-UNO ou unitriádico - postulado segundo o qual "por baixo e no miolo" de tudo há uma força estruturante-unificadora, atratora/motora, que tudo organiza sobre ou ao redor de um chassi de três lados ou eixos. É uma generalização do princípio que diz que a energia se move como conjunto giratório de três partículas, três forças, sentidos, campos que formam o átomo tri-uno e tudo o mais. As religiões também se fundamentam intuitivamente sobre um princípio tri-uno ou unitriádico que são as trindades.

PDST – **P**rodução e **D**esfrute de **S**atisfatores **T**ri-cerebrais-grupais em cada um dos catorze subsistemas. É uma alternativa ao atual medidor conhecido como PNB e seu complemento o IDH, que são típicos do paradigma econômico-social do império judeu-anglo-estadunidense.

PONTO DE OURO - ver Proporcionalismo. É a expressão ou a medida do equilíbrio, da justiça, da beleza. É um atrator existente na natureza, que os subgrupos humanos buscam transgredir, principalmente os subgrupos oficiais. O Ponto de Ouro pode ser tomado como o fundamento de uma nova ética inclusivista e universal, de convivência dos diferentes com menor fricção.

PROPORCIONALISMO - proposta de fundamento ético-numérico de vida e de justiça social, baseada na matemática da média e extrema razão que supõe, em tudo, me-didas aproximadas de 38 por 62%. É o ponto de ouro, conhecido em publicidade como seção áurea ou retângulo áureo. Os principais autores que dão suporte ao proporcionalismo são os matemáticos Pitágoras, Fibonacci, Carl Gauss e John Nash. A igualação máxima do socialismo é contrária às leis da matergia e, portanto, impossível. A desigualação máxima buscada pelo neoliberalismo (darwinismo social pela lei do mais forte) destrói a vida e a convivência pacífica. O proporcionalismo expressa a sabedoria da natureza, da qual somos tão só uma de suas manifesta-ções e não seus donos (homem "ex-rei da criação").

QUADRO DE REFERÊNCIA ou Referencial - esquema conceptual como os 14 subsistemas para ordenar, classificar e processar informação, fatos etc.

RELATIVIZAR - é olhar algo desde um lado, depois desde outro, e lego desde um terceiro, pois estamos sempre encurralados em um dos três lados da jaula piramidal que é o mundo. Relativizar é mudar o ângulo de observação, o eixo de significado. Podemos enfocar uma flor pelo cérebro esquerdo e a classificamos em sua família com seus elementos distintivos; se a relativizamos pelo cérebro direito, a vemos em sua beleza e poesia; se a relativizamos pelo cérebro central, a medimos em seu valor econômico ou medicinal etc. Se olhamos um país desde o ângulo oficialista, há que consertar a economia, primeiro; desde o ângulo antioficialista, há que democratizar, combater a corrupção e resolver a justiça social primeiro; desde o ângulo oscilante, há que colaborar, orar e esperar melhores condições e dons da vida... Não se trata de relativismo que é unilateralismo e capricho individual ou subgrupal.

RELIGIONIZAR - sacralizar, proclamar que algo é sagrado, que é da esfera do cérebro direito, portanto, sob a jurisdição de Deus e de seus representantes. Moisés religionizava quase tudo, para conseguir que, por temor a Deus, lavassem as mãos antes da comida, evitassem a perigosa (naquele tempo) carne de porco, e que a parturiente ficasse em quarentena para proteger-se de infecções, já que o povo não tinha noção e percepção racional de causa e efeito entre contaminação, enfermidade e morte. E não havia ciência. Há um perigoso ressurgimento de correntes semirreligiosas com o mesmo modelo e, pior, negacionistas da ciência, que se estão incrustando no poder político, renovando velhas teocracias (governo por clérigos). Mantenha-se a separação de igrejas e Estado.

SHOW DO JOGO PLANETÁRIO – Representação gráfica, miniaturizada, do planeta e seus muitos níveis, de forma unificada, sistêmica, probabilística, movendo-se como um grande jogo uni-triádico, do micro ao macro. Se diz "show e jogo" em substituição ao conceito "luta" pela sobrevivência ou "luta" de classes, para significar que se deve tomar a vida mais como desfrute que como guerra.

SETU - Sistema Efetuador Tri-uno Universal. A invenção dos mais de 1.000 deuses étnicos ou regionais que há, é por projeção inconsciente que o cérebro direito faz dos pais, dos chefes e governantes improvidentes e impermanentes, em busca de figuras protetoras onipotentes e de vida eterna, infinita. Frente ao inegável fato de que provimos de um todo supremo maior, anterior e posterior a nós, propõe-se a reconceptualização lógica de Sistema Efectuador Tri-uno Universal para superar as criações étnicas ou regionais. Foi dito "reconceptualização lógica" e não negação; porém, a sintonia com SETÚ se dará, como em todas as crenças espirituais, por meditação e mística, em estado mental de ciclagem reduzida alfa, theta ou delta, que o eletroencefalograma registra como existindo abaixo de 10 ciclos por segundo (de 12 a 24 ciclos por segundo se dá o estado mental beta pensante lógico; acima disso, se dá o estado mental gama de excitação, agressividade e tumulto).

TRIADIZAR – Descobrir, nomear os três lados e sentidos, ou as três forças positivas, opositivas e neutras que compõem todo e qualquer sistema (não só o átomo), e ordenar cada lado ou força ao redor dos três cérebros e dos três subgrupos e seus níveis. O "três ou tri" é o grande relacionador e ordenador da complexidade que não é linear: é trançada e de tranças "embobinadas" como num imenso coque.

TRICEREBRAR - palavra criada para significar que há que usar os três cérebros ou os três processos - informação, criatividade, ação - sempre integrados e completos, formando um ciclo que só se completa quando se cumprem as três etapas. Do contrário se falará de - uso fragmentário dos três cérebros.